Mi vida con
Síndrome de Tourette

escrito por **Mari Schuh** • arte por **Ana Sebastián**

AMICUS ILLUSTRATED
es una publicación de Amicus
P.O. Box 227, Mankato, MN 56002
www.amicuspublishing.us

Rebecca Glaser, editora
Kathleen Petelinsek, diseñadora de la serie
Lori Bye, diseñadora de libro

Library of Congress Cataloging-in-Publication Data
Names: Schuh, Mari C., 1975– author. | Sebastian, Ana, illustrator.
Title: Mi vida con síndrome de tourette / by Mari Schuh ; illustrated by Ana Sebastián.
Other titles: My life with tourette syndrome. Spanish
Description: Mankato, Minnesota : Amicus Learning, an imprint of Amicus, [2024] | Series: Mi vida con... |
Translation of: My life with tourette syndrome. | Includes bibliographical references. | Audience: Ages 6–9 | Audience: Grades 2–3 |
Summary: "Meet Emma! She loves riding roller coasters and playing at the beach.
She also has Tourette syndrome. Emma is real and so are her experiences. Learn about her life in this Spanish
translation of My Life with Tourette Syndrome for elementary students"—Provided by publisher.
Identifiers: LCCN 2022051799 (print) | LCCN 2022051800 (ebook) | ISBN 9781645496038 (library binding) | ISBN
9781681529219 (paperback) | ISBN 9781645496335 (ebook)
Subjects: LCSH: Tourette syndrome in children—Juvenile literature. | Tourette syndrome in children—Patients—United
States—Biography--Juvenile literature.
Classification: LCC RJ496.T68 S3818 2024 (print) | LCC RJ496.T68 (ebook)
| DDC 618.9283--dc23/eng/20221114

Impreso en China

A Emma y su familia—MS

Acerca de la autora
El amor que Mari Schuh siente por la lectura comenzó con
las cajas de cereales, en la mesa de la cocina. Hoy en día,
es autora de cientos de libros de no ficción para lectores
principiantes. Con cada libro, Mari espera ayudar a los niños
a aprender un poco más sobre el mundo que los rodea.
Obtén más información sobre ella en marischuh.com.

Acerca de la ilustradora
Ana Sebastián es una ilustradora que vive en España. Estudió
Bellas Artes en la Universidad de Zaragoza y en la Université
Michel de Montaigne, en Burdeos. Se especializó en ilustración
digital y completó su educación con una maestría en
ilustración digital para arte conceptual y desarrollo visual.

¡Hola! Me llamo Emma. Soy una niña inteligente y divertida. Tal vez nos gusten las mismas cosas. Me gustan las montañas rusas y jugar en la playa. También es posible que tengamos diferencias. Tengo síndrome de Tourette. Déjame contarte sobre mi vida.

El síndrome de Tourette causa que las personas tengan tics. Los tics son movimientos o sonidos repentinos y cortos. Los tics se repiten una y otra vez. Los médicos no saben qué causa el síndrome de Tourette.

Las personas tienen diferentes tics. Algunas personas gruñen. Otras pestañean sus ojos. Puede ser que muevan el cuerpo rápidamente. Yo salto. Me golpeo los labios. Algunas personas dicen palabras malas. Pero eso no es común. Los tics son similares a los estornudos, el hipo o la tos. Las personas pueden intentar detenerlos. Pero no se pueden controlar.

Cuando tenía siete años, solía carraspear una y otra vez. Mi mamá y mi papá me pedían que me detenga. Pero no podía detenerme. Repetía palabras y me reía. También tensaba los músculos del estómago.

Un psicólogo me administró diferentes exámenes.
Así descubrieron que tengo síndrome de Tourette.

Los tics pueden ser difíciles de notar. Mi familia advirtió que tenía tics desde que era muy pequeña. Me olía las manos. Saltaba todo el tiempo. Hacía gestos con mi cara.

Las personas con síndrome de Tourette con frecuencia también tienen otros trastornos. Tengo TDAH. Eso significa trastorno por déficit de atención e hiperactividad. También tengo TOC, que es trastorno obsesivo compulsivo. También tengo ansiedad. Hablo con una terapeuta. Ella me ayuda.

Mis trastornos hacen que tenga mucha energía. Mi cuerpo siempre quiere moverse.

Mantenerme activa me ayuda a relajarme. Así tengo menos tics.

A veces, intento detener mis tics. Pero eso puede empeorarlos. Es mejor dejar que los tics sucedan. Me preocupa lo que las personas piensan de mí. Pero no dejo que mis tics impidan que haga lo que me gusta. Soy buena jugando al fútbol.

Muchas cosas pueden hacer que una persona tenga tics más frecuentmente. Se llaman disparadores. Los míos incluyen estar cansada o enojada cuando los planes cambien repentinamente. Hoy, se canceló mi práctica de fútbol. Eso hizo que tuviera tics.

Cuando comencé a asistir a una escuela nueva, carraspeaba mucho. Mis compañeros me escuchaban. Me pedían que me detuviera. Les decía que lo sentía, pero no podía detenerme. Algunos no me creyeron.

Mi mamá y mi papá hicieron un librete para mis
compañeros. Los ayudó a comprenderme. Al día siguiente,
un compañero me dio un regalo. Era una concha marina.
Otros dijeron que lo sentían.

Mis maestras son amables conmigo. Saben que necesito descansos. Me permiten dar breves caminatas. Luego regreso a mi salón de clase. Mi clase favorita es arte. Me encanta dibujar.

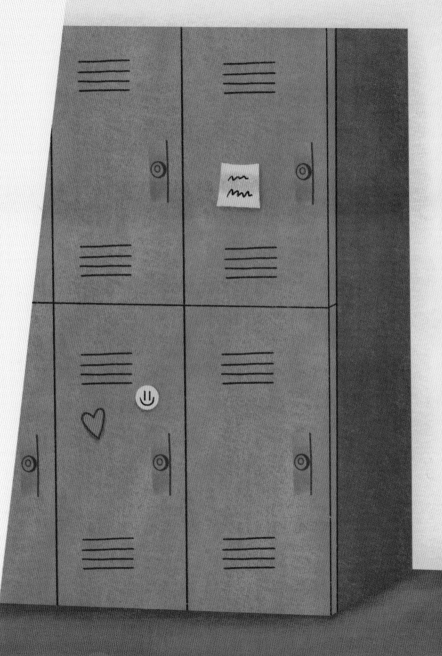

No quiero deshacerme de mi síndrome de Tourette.
Me encanta como soy. Y también le agrado a mi familia.
El síndrome de Tourette me hace especial. Después
de todo, todos somos diferentes de alguna manera. ¡Si
todos fuéramos iguales, el mundo no sería tan divertido!

Esta es Emma

¡Hola! Me llamo Emma. Soy amigable, amable y afectuosa. Vivo en California con mi mamá, mi papá y mi hermana. Me gusta el arte y jugar videojuegos. También me divierte andar en patineta y jugar al fútbol. Soy la arquera de mi equipo de fútbol. También soy Niña Exploradora y embajadora de la juventud de la Asociación de Tourette de Estados Unidos.

Respeto por las personas con síndrome de Tourette

Cuando una persona con síndrome de Tourette tiene un tic, ten paciencia. Algunos tics duran varios segundos. Otras duran unos pocos minutos.

Recuerda que las personas no pueden detener un tic. No les pidas que lo hagan.

Sé respetuoso con las personas con síndrome de Tourette. No te burles ni te quedes mirándolas fijamente.

Trata a las personas con síndrome de Tourette como tratarías a cualquier otra persona. Acéptalas por lo que son.

A veces, los tics pueden ser difíciles de notar. Cuando una persona te dice que tiene síndrome de Tourette, debes creerle.

Los niños con síndrome de Tourette quieren divertirse, al igual que todos los niños. Asegúrate de invitarlos a jugar contigo.

Términos útiles

ansiedad Una sensación de preocupación o miedo.

disparador Algo que puede ocasionar que una persona tenga tics con mayor frecuencia.

psicólogo Una persona que estudia la mente, las emociones y el comportamiento de las personas.

sistema nervioso El cerebro, la médula espinal y los nervios. El sistema nervioso controla todas las acciones del cuerpo.

TDAH Un trastorno que dificulta a las personas prestar atención, sentarse quietas y escuchar. TDAH significa trastorno por déficit de atención e hiperactividad.

terapeuta Una persona capacitada para ayudar a las personas con afecciones, trastornos y enfermedades a aprender nuevas habilidades.

tic Un movimiento o sonido repentino y repetido que no se puede controlar.

TOC Un trastorno de ansiedad que ocasiona que las personas tengan pensamientos, hábitos y temores estresantes. TOC significa trastorno obsesivo compulsivo.